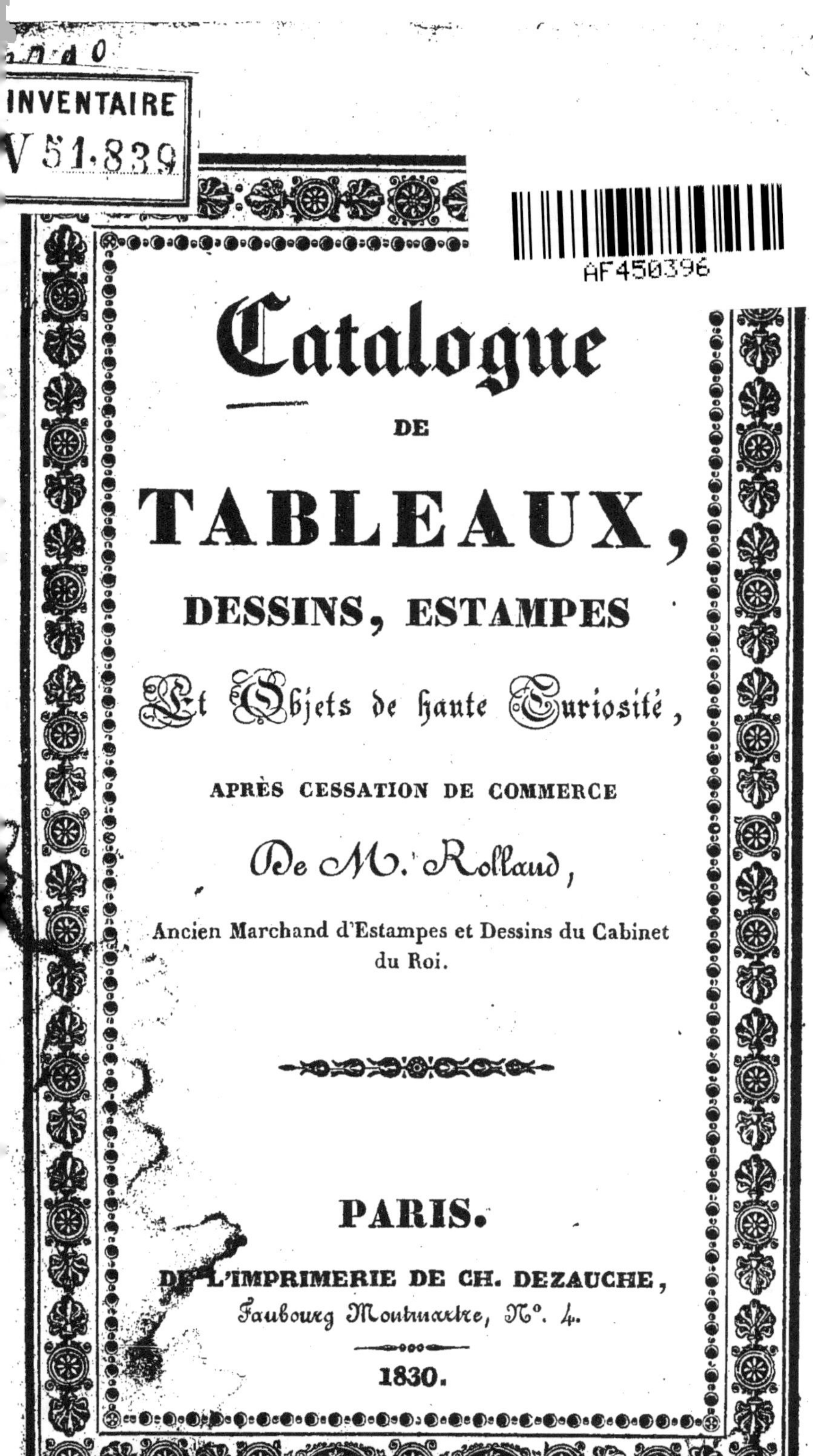

Catalogue

DE

TABLEAUX,

DESSINS, ESTAMPES

Et Objets de haute Curiosité,

APRÈS CESSATION DE COMMERCE

De M. Rolland,

Ancien Marchand d'Estampes et Dessins du Cabinet
du Roi.

PARIS.

DE L'IMPRIMERIE DE CH. DEZAUCHE,

Faubourg Montmartre, N°. 4.

1830.

CATALOGUE

DE

TABLEAUX,

DESSINS, ESTAMPES,

ET OBJETS DE HAUTE CURIOSITÉ,

En Bustes et Figures en marbre et bronze, Meubles de Boule, Pendules, Feux, Candelabres, Ivoire sculpté, Porcelaines d'ancien Chine et du Japon, de Sèvres et de Saxe, richement montées; Terres cuites de Clodion, anciens Émaux de Limoges, Coffre en burgau, Coupes en agathe, Vases en porphyre, Colonnes en granit, Monumens en matières précieuses, et différens Objets de curiosité;

APRÈS CESSATION DE COMMERCE DE M. ROLLAND.

Ancien marchand d'Estampes et Dessins du Cabinet du Roi.

Dont la Vente aura lieu en la grande salle Le Brun, rue de Cléry, n. 21, le Lundi 22 Mars et jours suivans, à 11 heures précises du matin, pour les Objets curieux; et le soir à 7 heures, pour les Tableaux.

L'Exposition sera publique le Dimanche 21, depuis midi jusqu'à cinq heures, et tous les jours de Vente.

Le Catalogue

Est rédigé par Ch. Paillet, Commissaire-Expert-Honoraire

DES MUSÉES ROYAUX,

Et se distribue chez lui, rue Grange-Batelière, n. 21;

ET CHEZ M. HAIZE, COMMISSAIRE-PRISEUR,

Rue Neuve Saint-Eustache, n. 29.

1830.

IMPRIMERIE DE Ch. DEZAUCHE,
FAUBOURG MONTMARTRE, N°. 4.

AVERTISSEMENT.

Dans le commerce des arts, on s'attache assez or-
dinairement à une partie que l'on préfère, celle qui
se rapporte à nos goûts et à notre manière de voir.
Les tableaux, les dessins, les estampes et la sculp-
ture sont une branche de commerce déjà fort diffi-
cile à exercer, à cause des connaissances étendues et
de la pratique continuelle à laquelle ils nous sou-
mettent, les autres objets, tels que les porcelaines
de luxe, les meubles rares et précieux, les émaux,
les laques, et généralement tout ce qui tient au do-
maine de la curiosité proprement dite, sont une
ramification des arts, du dessin, et une seconde
branche de commerce, qui peut seule occuper un
négociant dans cette partie. On peut donc regarder
comme une difficulté vaincue la cumulation des différens genres de commerce, entrepris par M. Rolland, depuis plus de quarante années, et l'on ne
sera pas non plus surpris de la variété des articles
qui composent cette vente, une des plus importantes
dont nous ayons été chargés depuis celles de Daval,
Rocheux, Doyen et Genthon.

Après avoir payé sa dette à l'industrie, occupé les
artistes pendant plus de vingt-cinq ans, et notam-
ment M. Carle Vernet, dont il possède les chefs-
d'œuvre, M. Rolland se décide à quitter les affaires,
et à jouir en repos du loisir dont elles l'ont privé

pendant long-temps ; il arrive une époque dans la vie où l'on compte avec soi-même, et cette époque est arrivée, la résolution en est prise et les chances prévues. M. Rolland ne se dissimule pas que, si des articles payés fort chers dans des temps d'une hausse générale, n'atteignent pas à leur prix d'achat, il devra se conformer au cours actuel, dans l'espérance que d'autres acquis avec prudence et dans des occasions favorables pourront l'en dédommager.

Cette déclaration sincère doit inspirer toute confiance aux acquéreurs et spéculateurs, M. Rolland devient un démissionnaire pour eux, un vétéran qui prend sa retraite dans cette partie du commerce des arts, que son goût pour le dessin lui avait suscité dès l'enfance.

Nota : Nous avons ajouté quelques beaux articles étrangers au fond de magasin de M. Rolland, on ne peut nous savoir mauvais gré de cette adjonction, qui ne peut qu'ajouter à la richesse et à la magnificence de cette exposition.

CATALOGUE
DE TABLEAUX,
DESSINS, ESTAMPES,
ET OBJETS DE HAUTE CURIOSITÉ.

BRONZE.

GROUPES, FIGURES EN PIED, BUSTES ET TÊTES.

1. — Le Gladiateur combattant. Bronze de la dimension du bel antique qui orne les salles du Musée royal.

2. — La Vénus de Médicis.

3. — L'Apolline.

Ces trois bronzes sortis des ateliers de M. Carbonneau font honneur au procédé de fonte de cet artiste.

4. — Figure de génie invoquant.

5. — Cerès, figure drapée.

6. — Le cheval écorché. Bronze exécuté d'après celui que possédait M. le cardinal Fesch.

7. — Deux bronzes dits les Renommées, ancienne fonte ; elles sont posées sur deux piédestaux en acajou portant quatre pieds de haut.

8. — Le Germanicus. Figure en pied sur socle et de 30 pouces de haut.

9. — La Vénus accroupie et le rotator. Deux bronzes de 14 pouces de haut sur piédestal aussi en bronze, article très-capital.

10. — Le Gladiateur. Bronze de 20 pouces.

11. — La Cléopâtre. Figure couchée, de 16 pouces de long, bronze ancien et d'Italie, très-léger.

12. — Le cheval et le taureau Farnèse, bronze de patine rouge sur socle de cuivre.

13. — Vénus accroupie. Bronze de 10 pouces de haut sur terrasse.

14. — Le Satyre. Bronze pouvant faire pendant.

15. — La Vénus à l'écrevisse. Bronze italien de 15 pouces de haut sur terrasse.

16. — Deux chevaux dits de Venise, ancienne fonte italienne ; ils sont sur des socles de bois et en regard.

17. — Deux lions dits de Tivoli . ils sont italiens, et posés sur des plinthes de marbre brocatelle.

18. — Moïse. Figure assise portant 13 pouces de haut sur carré en marbre vert antique.

19. — Chasseur à la pipée. Bronze espagnol de 12 pouces de haut.

20. — Petite figure assise, poète de l'antiquité récitant ses chants, 8 pouces de haut.

21. — Sylène soutenu par une bacchante et un satyre; bronze à trois figures et italien.

22. — Le cheval et le taureau Farnèse, deux jolis bronzes sur socle de bleu turquin.

23. — La Sagesse et la Philosophie, deux jolies figures de femme drapées. Hauteur 9 pouces.

24. — Le jeu du rat, groupe de deux figures sur socle en marqueterie.

25. — Le cimbalier, figure en pied portant 26 pouces de haut.

26. — Deux petits enfans, le flûteur et le pendant; ils sont sur socle ancien en bronze doré.

27. — Hercule à l'enfant et l'Hercule Farnèse, deux bronzes italiens de 10 pouces de haut sur terrasse.

28. — Un lion couché. Bronze d'après Clodion, il porte environ 16 pouces de long.

29. — Le Laocoon, petit bronze de 9 pouces de haut sur socle de marqueterie, cuivre et ébène.

3o. — La Vénus de Médicis.

3i — La Vénus Callypige. Ces deux bronzes fonte d'Italie moderne 13 pouces de haut.

32. — Antinoüs, joli bronze même proportion , et pouvant faire milieu aux deux précédens.

33. — Bonaparte debout. Bronze de 10 pouces sur carré en jaune de Sienne et applique.

34. — L'écorché , d'après Houdon ; bronze de 18 pouces sur terrasse aussi en bronze.

35. — Le Temps avec sa faulx. Bronze modèle de M. Thomire, sur vert de mer.

36. — Les liseuses, formant lampe antique et culot à godron , bronze doré.

37. — Une paire de vases forme Médicis, culot à feuille d'ornement, anses à tête et feuille de vigne sous les bords.

38. — Un vase de milieu en bronze plein, forme d'aiguère ancienne, il est décoré d'une belle tête de satyre et d'un bandeau de griffons ailés, l'anse est formée d'une panthère.

39. — Le Laocoon, petit bronze de 10 pouces de haut très-léger et d'ancienne fonte d'Italie.

40. — Guerrier cuirassé. Figure équestre, ancien bronze.

41. — Satyre tenant une corne.

42. — Deux flambeaux à double tête.

43. — Deux vases en forme d'aiguère de 30 pouces de haut ; le corps du vase entièrement en bronze doré et garni d'appliques, les anses figurées par des femmes ailées, ajoutent encore à l'élégance de ces deux belles pièces qui peuvent accompagner la pendule de l'Amour et Psyché.

44. — Petite Vénus de Médicis. Bronze florentin de 9 pouces de haut.

45. — Vénus sortant du bain ; hauteur 8 pouces.

46. — Figure fabuleuse. idée du Laocoon, bronze d'Italie et fort ancien.

47. — Rémus et Romulus allaités par la louve.

48. — Satyre sur socle de marbre blanc.

49. — Vénus et Adonis, charmant bronze, ancienne fonte d'Italie.

50. — Enfant jouant avec un chien.

51. — Deux petits chiens, anciens bronzes italiens.

52. — Un lion sur socle bleu turquin, aussi bronze italien.

53. — Homme à manteau servant de lampes.

54. — Vache supportant une figure, bronze Chinois.

55. — Satyre portant une corne d'abondance formant girandole.

56. — Deux enfans coiffés de casques, bronzes anciens.

57. — Un fleuve, figure en bronze sur pied en marqueterie.

58. — L'Amour et Bacchus, deux jolis bronzes italiens sur socle de bleu turquin.

59. — Deux bustes de dames romaines, la tête ornée de diadême, bronzes de fonte ancienne, et dans la proportion de nature.

60. — Un Satyre sur tertre et trépied, il est dans l'attitude convenable pour tenir deux torches.

61. — Louis XIV et le duc d'Anjou, deux bustes.

62. — Henri IV et Marie de Médicis, deux anciens bronzes du temps.

63. — Louis XIV. Figure équestre de 13 pouces environ, sur socle de brèche.

64. — L'Antinoüs, buste sur pied douche en marbre portor.

65. — La Vénus de Médicis et l'Amour grec, deux bustes. Ces deux bustes forte proportion de nature.

66. — Silène tenant Bacchus. Bronze portant 23 pouces.

67. — L'aracheuse d'épine, petit bronze italien.

68. — L'amour tirant son arc. Figure sur socle avec un lion en bas-relief.

69. — Les liseuses, deux bronzes formant lampe, avec culot cannelé et doré.

70. — Érigone. Figure en pied, par Julien, et portant 27 pouces.

71. — Le petit flûteur. Bronze pouvant faire pendant au précédent.

72. — Petit cheval au temps de galop. Bronze italien, socle de marbre de Sicile.

73. — Cheval cabré, joli bronze florentin sur socle de marbre blanc.

74. — Cerf dans l'attitude de la course.

75. — Divinité indienne. Bronze de 22 pouces de haut.

76. — Vases, forme de Médicis, orné d'un bandeau à frise de jeux d'enfans, anses à enroulement, anneaux et têtes de bellier, culot base, torsade en bronze ciselé et doré.

77. — Deux sangliers. Bronzes modernes.

78. Le taureau Farnèse.

79. — Deux jolis bronzes florentins dont un Pro-
methée, sur fût de colonne en marbre de Sicile.

80. — Quatre jolies cassolettes trépied dorées partout, bustes d'enfans terminés par un pied de biche.
Elles ont été exécutées par Goutière.

81. — Deux athéniennes montées en cassolette à
parfum variées dans les ornemens.

82. — Deux autres cassolettes en bronze doré,
têtes chimères pour trépied.

83. — Deux sphinx.

84, — Hercule étouffant Anthée. Bronze italien
peu commun.

85. — Neptune furieux et soutenu par un cheval
marin. Figure de 18 pouces sur socle de brocatelle.

86. — Autre Neptune appuyé sur un dauphin;
13 pouces de haut.

87. — La Vénus à l'écrevisse. Figure en pied de
20 pouces.

88. — Deux bustes d'empereurs, ancienne fonte italienne.

89. — Ajax, buste de 10 pouces de haut sur pied
douche, bronze doré.

90. — Vitellius, buste moulé sur l'antique.

91. — Buste de faune, ancien bronze.

92. — Buste d'Agrippine, bronze italien et de fonte très-ancienne, sur socle de marbre rougeâtre.

93. — Buste de Vitellius de très-forte proportion, et portant une clamyde en bronze doré.

94. — Autre buste d'Alexandre Sévère, portant aussi une clamyde arrêtée par un fort bouton.

95. — Buste de Caracalla, ancien bronze italien.

96. — Buste d'Homère.

97. — Buste d'Hypocrate, moulé sur l'antique.

98. — Buste de satyre, ancien bronze sur pied, douche en bronze doré.

99. — Buste de Socrate, bronze d'une belle et ancienne fonte italienne.

100. — Louis XV. Figure équestre de 13 pouces de haut sur socle en griotte.

101. — Buste de Voltaire d'après M. Houdon.

MARBRES.

BUSTES, STATUES, VASES ET COLONNES.

102. — Une petite vasque en albâtre montée sur trois pieds griffons, bronze doré.

103. — Deux vases forme allongée prime d'albâtre, une anse est cassée.

104. — Deux bustes de jeunes femmes romaines, marbre italien d'un caractère très-gracieux; elles sont posées sur deux pieds gaines en bois d'acajou, qui seront vendus à part.

105. — Quatre superbes colonnes en granit des Vosges et de la plus belle variété, enrichies de moulures en bronze doré, montées sur socle aussi en granit; elles portent 54 pouces de haut.

106. Deux fleuves de 30 pouces de long exécutés par un artiste italien. Ces deux modèles pourraient être exécutés en bronze.

107. — Deux forts vases en albâtre à cannelure et godron.

108. — L'Amour endormi sur la Fidélité.

109. — Quatre colonnes de même dimension en marbre d'Écosse, et portant 62 pouces compris le

chapiteau d'ordre dorique, et en marbre blanc.

110. — Une petite figure de femme baigneuse ; la tête a été rapportée.

111. — Deux vases en [albâtre, anses carrées pris dans la masse.

112. — Deux vases en spath fluor et pleins, montés en bronze doré sur socle bleu, turquin et griotte.

113. — Un vase seul Serpentin vert tacheté, monture en bronze doré, forme élégante.

114. — Deux petits fûts de colonne, petit antique.

115. — Deux autres petites colonnes vert de mer.

116. — Deux fûts en marbre de Sicile.

117. — Deux très-petits vases, Médicis en corsico.

118. — Une garniture de trois vases en lumachelle, dont un très-fort et deux cassolettes, ornés de monture en bronze doré à tête de satyres.

119. — Deux moyennes colonnes en granit des Vosges d'une belle variété avec base et chapiteau en bronze doré. Sur l'une de ces colonnes est un enfant en bronze, et sur l'autre un Mercure aussi en bronze. Elles portent environ 20 pouces.

120. — Deux vases forme d'œuf en porphire de Suéde ; bouton en bronze et carré en marbre griotte.

121 — Deux vases forme Médicis, en vert de Corse sur carré, variété de même matière.

122. — Agrippine, buste un peu plus fort que nature.

123. — Buste de forte proportion et drapé, ce morceau porte le caractère d'un empereur romain.

124. — Tête de Caton.

125. — Buste de Vitellius attribué au ciseau de Michel-Ange.

126. — Petit buste de dame romaine, sur pied douche.

127. — Buste de Louis XIV, marbre d'applique.

128. — Buste isolé d'empereur romain, proportion demi-nature.

129. — Buste de Louis XVI, décoré des ordres royaux. Ce buste, qui porte le nom de Francesco Lazari à Carrare, est monté sur un piedestal en bois sculpté aux armes de France ; il a fait partie du mobilier de Versailles avant la révolution.

MEUBLES
DE BOULE, DE RIESNER ET AUTRES.

130. — Une table carré-long, en bois noir et à

filet en cuivre, à dessus de table marbre blanc avec incrustation en vert de mer, et à damier.

131. — Un bas d'armoire en ébène et à deux ventaux, avec moulure, mascarons, consoles en bronze doré. Hauteur 34 pieds sur 38.

132. — Deux petits bas d'armoire en ébène, avec deux petits pendentifs en bronze doré, et panneau du milieu en laque à dessin de fleurs et oiseaux. Ils portent 30 pieds de haut sur 25 pieds de large, avec marbre brèche d'Alep, entouré d'un bandeau en cuivre doré.

133. — Deux bas d'armoire à une seule porte ouvrante ; ils sont plaqués en ébène et ornés de panneaux en cuivre et étain, partie et contre-partie ; moulure et pied en bronze doré. Ces deux meubles, très-élégans, portent 36 pouces de haut sur 32 de large, et sont revêtus d'un marbre de Portor.

134. — Un magnifique secrétaire en ébène et à abattant, orné de deux beaux panneaux en marqueterie, cuivre et étain, riche moulure en bronze doré ; il provient de la belle vente de M. Rocheux, faite en 1821.

135. — Deux bas d'armoire en ébène, partie et contre-partie à un seul battant en marqueterie cuivre et étain, au milieu duquel est un médaillon à 8 pans en bronze doré ; sujet de bacchanale ; ils portent 35 pouces de haut sur 29, et ont un marbre de Flandre.

136. — Deux bas d'armoire pouvant servir de piedestal, en ébène, et à quatre face, avec incrustation et moulure en bronze. Ils portent 42 pouces de haut sur 24 de large.

137. — Une armoire à deux médaillons, ébène incrusté en cuivre. Elle porte 74 pouces de haut.

138. — Un bas d'armoire, le corps en ébène et les deux battans en marqueterie à fleurs ; moulures et rosaces en bronze doré.

139. — Deux autres bas d'armoire en marqueterie, cuivre et étain, médaillon à couronne de chêne en bronze doré, et vase à fleurs au milieu. Tous ces meubles sont enrichis de moulures en bronze. Ceux-ci portent 36 pouces de haut sur 29 de large.

140. — Un petit cabinet en ivoire, carré et monté sur quatre pieds ; l'intérieur est également garni en ivoire sur les tiroirs doublés en bois de Santhal.

141. — Un secrétaire de riesner, à cylindre, avec placage en bois de rapport, et richement garni en dedans. Il provient des anciens magasins du Garde-Meuble.

142. — Une armoire ou bibliothèque à deux ventaux, les montans en marqueterie ébène, et cuivre incrusté ; les quatre panneaux en verre de Bohême. Elle porte 73 pouces sur 38.

143. — Une autre grande armoire en marqueterie

cuivre et écaille, panneaux vitrés et bronze d'appli
que. Elle porte 39 pouces sur 48.

144. — Une armoire à deux battans, le haut cein-
tré : elle est à quatre grands panneaux en verre de
Bohême, et enrichie de filets et rosaces en bronze.

145.—Un cabinet dont le corps est monté sur pied;
il est entièrement plaqué en écaille rouge, orné de
bronze, et garni d'un grand nombre de tiroirs.

146. — Un meuble en bois de chêne haut et bas ,
avec médaillon et bas-relief sculptés dans le style de
Jean Goujeon.

147. — Un autre meuble en bois d'ébène à sujet de
paysages et fleurs gravées.

148. — Deux commodes en acajou à deux battans
et à tiroir en dedans avec secret, colonne avec base
et chapiteaux en bronze doré. Marbre petit, antique.

149. — Une commode à la régence et ceintrée, à
trois tiroirs et côtés ouvrans ; elle est en bois rose plaqué en fleurs et guirlande, marqueterie sur fond
blanc. Frise d'ornement en bronze doré.

150. — Une grande commode de riesner à cinq
tiroirs, en bois de placage rose, et rosaces en cuivre
doré.

151. — Grande commode en acajou, à colonnes
avec chapiteaux et base en bronze doré, frise d'ornement et moulure aussi en bronze doré ; elle porte

36 pouces de haut sur 5o de long ; beau marbre granit rose oriental, ragrafé.

152. — Petite commode, dite régente, en bois de placage à rosaces et rubannée ; marbre bleu turquin.

153. — Un petit cabinet de 21 pouces de haut, à tiroirs en dedans et à deux battans. Il est en ébène incrusté d'ivoire.

154. — Table carré-long, le corps et les pieds en bois orné de bronze, et le desssus en marbre de Sicile avec encadrement en pouding.

155. — Deux colonnes en acajou avec base, plinthe aussi en acajou, et tournantes. Elles portent 46 pouces de haut.

PORCELAINES D'ANCIEN SÈVRES
MONTÉES ET NON MONTÉES.

---

156. — Une garniture de trois beaux vases fond vert clair ; celui du milieu est entouré d'un bandeau fond blanc sur lequel sont peintes des figures chinoises ; les deux autres qui accompagnent ce vase sont décorés de médaillons représentant différens personnages chinois. Ces trois pièces sont montées en bronze doré, avec élégance, légèreté et solidité.

157. —Deux vases fond jaspé à dessins d'ornemens en or; têtes de satyre.

158. — Trois vases forme ancienne et fond lilas, dessins rehaussés d'or et médaillons, fruits et fleurs devant et derrière.

159. — Un vase forme médicis, fond bleu avec dessins arabesques et pieds en or; socle en bronze.

160. Deux autres vases fond vert clair, à dessin doré, et double médaillon à sujet et paysage.

161. — Un vase magnifique, forme de médicis, et décoré d'un sujet à figures, par M. Gué. Il tourne sur son pied douche de manière à laisser voir toute la composition. Ce vase, de la plus haute importance, porte environ 3 pieds et demi de haut.

162, — Deux vases forme médicis, fond bleu et dessins d'or montés en bronze doré, et double médaillons marine et à sujet.

163. —Un vase fond bleu et à anse, lion doré sur le couvercle. C'est un de ceux donnés pour prix au Champ-de-Mars, sous le directoire.

164. —Deux vases forme d'œuf, fond bleu à fleurs d'or, anse, culot et pied douche, en bronze doré.

165. — Un vase isolé, forme très-allongée, fond violet et rayure en or, têtes et animaux.

166. —Deux petits vases à panse ronde, avec dessin à l'imitation de la Chine.

167. — Une petite fontaine avec figures et sujets chinois et cygne autour. Elle est montée sur pied en bronze doré.

168. — Deux petits vases fond bleu, pots-pourris à couvercle et montés en bronze, avec ornement de draperie.

169. — Quatre charmans vases fond vert, avec médaillon en camaïeux et à fleur; culot, pied douche, anse et col en bronze doré.

170. — Deux cassolettes en porcelaine blanche montées en trépied têtes de satyre et anse à torsade, socles marbre blanc.

171. — Deux autres cassolettes, trépied fond bleu semé d'étoiles en or dessus et dessous, têtes de bélier et griffe en bronze doré.

172. — Deux vases fond bleu à dessin d'or et lozange, montés en pot-pourri.

173. — Deux jolis vases forme d'œuf, gros bleu, ancienne monture et tour en perle.

174. — Deux grands compotiers et leur plateau, fond bleu à dessin doré et médaillon oiseau.

175. — Un vase à panse fond bleu et dessin doré, avec trois femmes caryathides.

176. — Pot et cuvette fond bleu à dessin doré.

177. — Une écuelle et son plateau à dessin dentelé or.

178. — Tasse, cafetière, sucrier et pot au lait sur plateau fond blanc et or.

179. — Tasse et soucoupe gros bleu, médaillon oiseaux.

180. — Tasse et soucoupe fond vert à dessin d'or.

181. — Tasse et soucoupe à plusieurs médaillons fleurs.

182. — Deux petits vases jasmins fond bleu à bandeau blanc et fleur, anses dorées.

183. — Tasse à méandre et tasse verte à médaillon.

184. — Une belle tasse et soucoupe fond bleu à dessin doré.

185. — Tasse à bouillon et couvercle, avec large médaillon à fruits.

186. — Tasse fond bleu et sa soucoupe à médaillon paysage.

187. — Tasse et soucoupe fond bleu, médaillon oiseau.

188. — Tasse, soucoupe et couvercle fond bleu, médaillon oiseaux dorés.

189. — Tasse, théière et plateau fond blanc.

190. — Tasse à deux anses fond bleu, et médaillon oiseaux.

PORCELAINES D'ANCIEN CHINE
RICHEMENT MONTÉES EN BRONZE DORÉ.

---

191. — Deux magnifiques cornets fond gros bleu uni, ornés d'appliques et de consoles supportant des cygnes formant anses. Cet article est très-capital dans son genre.

192. — Deux cassolettes céladon clair à dessin rouge en dedans, et montées sur trois pieds.

193. — Une garniture de trois vases forme allongée, fond bleu à dessins d'oiseaux or anses, chaînettes et pieds socle en bronze.

194. — Deux cornets figurant un fruit sur tertre avec figures de Chinois en céladon bleu clair, feuillage et plateau bronze doré.

195. — Deux vases forme allongée à dessin bleu, médaillon et fleurs rehaussées d'or, monture et anses en bronze doré.

196. — Deux vases à côte fond blanc, à dessus rouge et vert, monture à tête de satyre couronné de pampre bronze doré.

197. — Une fontaine en porcelaine fond bleu à dessin léger en or, et montée sur pied, garniture ancienne de bronze doré.

198. — Deux forts pots-pourris en gros bleu avec monture de forme ancienne en bronze doré.

199. — Deux vases Chine bleu uni, faisant pots-pourris, et solidement montés en bronze.

200. — Vase de milieu ancien bleu de Chine, monture à roseau et très-ancienne

201. — Deux cornets moyens à pied; en bronze doré.

202.—Deux cornets de moyenne grandeur, dessin bleu et rouge et médaillon, monture en bronze doré

203. — Un vase de milieu, fond brun avec figures en relief, et à l'imitation du Laque.

204. — Deux bouteilles fond blanc rubanné en rouge, goulot avec anneaux et pied bronze doré.

205. — Un pot-pourri à couvercle, dessin bleu et rouge, sur fond blanc, à têtes couronnées, de pourpre pour anses sur trépied, têtes de satyre en bronze.

206. — Deux petites bouteilles fond blanc, base et goulot en bronze doré.

207. — Deux jolis vases fond blanc, au milieu à feuillage rouge, en bandeau à dessin fond vert, anses de serpens, couvercle et pied bronze doré.

208.—Vase de milieu, fond blanc à dessins bleus, monture en bronze haut et bas.

209. — Une bouteille fond blanc à fleurs bleues, sans monture.

210.— Deux petits vases allongés ancien bleu chenettes en bronze doré.

211. — Vase de milieu fond bleu, anses têtes de lion, col et culot bronze doré.

212. — Autre vase de milieu, en bleu de Perse et flamboyant.

213. — Deux cornets fond bleu à médaillons carrés, enchassés dans une monture bronze doré.

214.—Deux petits vases forme gourde, porcelaine craquelée, médaillon à fleurs bleu, monture en bronze.

215. — Deux bouteilles fond blanc à dessin de ramage.

216. — Bouteille fond blanc et bouteille truité craquelé.

217.—Une bouteille ancien bleu forme de gourde haut et bas, en bronze doré pour monture.

218. — Charmante garniture de trois vases, fond rose à dessin de feuillage blanc, les anses en rinceau d'ornement, socle et collet en bronze doré, le vase du milieu forme trépied.

219.—Chimère sur socle coussin en bronze doré.

220. — Deux boutcilles fond blanc à dessin, goulot et socle bronze doré.

221. — Deux autres bouteilles forme de gourde, fond blanc à branchage et fleurs.

222. — Deux cornets très-riches d'ornemens, socle plinthe bronze doré.

222 bis. — Deux petits vases céladon clair, le haut fond blanc et bleu, anses, pied et collet bronze doré.

223. — Trois vases à panse ronde avec couvercle.

224.—Grand vase à panse et deux cornets à fleurs et oiseaux, bleu et rehaussé d'or, monture en bronze.

225.—Deux vases fond blanc à ornemens bleus et monture contournée haut et bas.

226. — Deux mortiers ronds, fond blanc et à godrons sur pied en bronze.

227.—Deux petites cages sur plateau en bronze doré.

228. — Un vase pot-pourri fond bleu, ancienne monture avec petite figure de chien en Saxe.

228 bis.—Deux cassolettes feuille de lothus rouge et blanc, montées en trépied.

229. — Deux vases pots-pourris avec médaillons à jour, monture en bronze doré.

230. — Un pot-pourri chine blanc à grille, chai-
nette et pied en bronze doré.

231. — Une grande écuelle fond blanc et dessin
à dent rouge et à rayure, ancienne monture en
bronze doré.

232. — Quatre petites bouteilles à anse, montées
en peintes.

233. — Bouteille seule, fond blanc à fleurs et chimères, col et pied en bronze.

234. — Deux chimères.

235. — Deux bouteilles fond blanc à dessin de
Kioste et ornemens de fleurs.

236. — Deux sceaux fond blanc à dessin rehaussé
d'or et riche monture ancienne, en bronze doré.

237. — Quatre jolies tasses à médaillons figures,
et deux théyères.

238. — Deux bouteilles à anses ornées de figures
et dessins arabesques.

239. — Un grand vase de milieu, fond blanc à
dessins bleus dentelés, anses, col et base en bronze
doré.

240. — Deux girandoles, ancien chine blanc à
trois branches.

PORCELAINE DE SAXE.

241. — Singe et écureuil ou petit gris , deux pièces sur socle griotte.

242. — Un vase pot-pourri et contourné, le couvercle à jour, mais restauré.

243. — Petit vase forme ancienne à dessin.

244. — Deux mortiers à godrons, et sur pieds dorés.

245. — Écureuil et singe, deux pièces en Saxe , l'une sert de théyère.

246. — Un vase fond blanc et dessins rouges et bleus, monté en pot-pourri et à deux anses.

247. — Deux vases carrés, montés sur quatre pieds, gorge carrée à jour.

248. — Deux vases à ornemens d'arabesque, col, couvercle et base en bronze doré.

249. — Enfant monté sur un éléphant, et posé sur socle de griotte.

250. — Un cabaret composé de sept pièces, quatre tasses pot-au-lait, théyère et poivrière.

251. — Deux biches couchées.

252.—Une écuelle et son plateau ornée de médaillons, ville et port de mer.

253. — Deux candelabres. Enfans en bronze sur pied, en porcelaine console.

PENDULES

EN MARQUETERIE DE BOULE ET EN BRONZE DORÉ.

254.—Une magnifique pendule de huit pieds de haut en marqueterie de boule, le corps de la pendule surmontée d'une Renommée est posé sur un meuble formant serre-papier, et décoré de mascarons, consoles, enroulemens et rosaces en bronze doré. Ce meuble de la plus grande richesse est un monument digne de figurer dans le cabinet, etc.

255. — Une pendule de bureau par boule forme ronde, et en marqueterie avec figure allégorique du temps, et en bronze doré. Elle est montée sur son pied aussi en marqueterie et richement monté.

256. — Pendule à gaine et en marqueterie, étain et écaille à filet en cuivre et ébène. La pendule qui porte cette devise *Solem audet dicere falsum*, est un monument à colonne surmonté d'un taureau en bronze.

257. —L'Amour et Psyché ; pendule dorée dite le

modèle de Michallon ; entre les deux figures, un monument en griotte où est adapté le mouvement. Cette pendule provient de la vente de M. Demidoff.

258. — Pendule en bronze doré d'or moulu de forme ancienne, vase à cadran tournant et piedestal avec cadran, indiquant les phases de la lune, les quantièmes, les signes du zodiaque, les mois et l'année. Elle porte le nom de Mathieu, et provient de la vente de M. Valleville.

259. — Une pendule régulateur en ébène garni en bronze, et du nom de M. Gallois.

260. — Une pendule œil de bœuf dans sa boîte carrée en bois.

261. — Une pendule figurant un arbre avec bocage, moulin en bronze, et enfans en porcelaine de Saxe.

262. — Plusieurs pendules en marqueterie et avec leur pied.

263. — Un cartel du nom de Garossay, il est doré d'or moulu.

264. — Un régulateur exécuté par Ligneroux et Daguère, le corps formant piedestal est en acajou et orné de deux colonnes balustre ; la partie supérieure est décorée d'une moulure et d'une frise en bronze doré et du ciselé le plus précieux, la boîte ou est contenue le mouvement du nom de *Manière* est

enrichie de palmettes au coin, et sarmontée d'une boule céleste soutenue par quatre griffons aîlés. Ce meuble un des plus beaux sortis des magasins de Lignereux, est d'un aspect imposant et d'un gout si pur et si élégant, qu'il est susceptible de s'harmoniser avec le mobilier le plus moderne.

PORCELAINES DIVERSES.

265. — Un pot et la cuvette avec gobelet, fond cantharide dessin arabesque en or.

266. — Deux vases porcelaine moderne, forme de Médicis à paysage peint en camayeux et bandeau à roses.

267. — Deux vases fond blanc à doubles médaillons à fleurs.

268. — Amour dans l'attitude de tendre son arc. Porcelaine Biscuit.

269. — Un vase fond carmélite avec médaillon carré, bouquet de fleurs.

270. — Vingt-trois assiettes à bordure, fond bleu sablé et ornemens en relief en or.

271. — Plusieurs douzaines d'assiettes de Sèvres, de Chine, et à usage dont il sera fait des lots.

272. — Trois vases porcelaine de Sèvre, fond bleu à dessin d'or et double médaillon, paysages et sujets : quelques parties ont été restaurées.

OBJETS DIVERS.

ARMES ETRANGÈRES ET DE FRANCE, IVOIRES, LAQUES, DORURES, EMAUX, MINIATURES, TERRES CUITES, MÉDAILLES, ETC.

ARMES.

273. — Cinq carabines du temps de la ligue.

274. — Trois haches des sapeurs de la garde impériale italienne.

275. — Deux haches des sapeurs suisses du 10 août.

ARMES SAUVAGES.

276. — Chaussure, tablier, ceinture, flèches et autres objets indiens, détaillés et compris sous ce numéro.

LAQUES.

277. — Un pupitre en laque noir et incrusté en burgo, avec tiroir et ustensiles de laques.

278. — Un petit nécessaire à tiroir, et coffret en dedans. Le dessus est orné de médaillons.

279. — Cinq tasses variées en laque rouge et noire et vannerie.

280. — Six boîtes en façon de laque, et une en nacre et bois sculpté.

281. — Un coffre en laque et bordure de Burgo, à tiroirs en dedans.

282. — Un coffre à écaille de poisson en burgo, portant vingt-cinq pouces de long sur dix-huit de haut, couvercle ccintré, il est en parfaite conservation.

283. — Un tabouret en laque forme basse.

284. — Un coffret en laque ancien, à dessin doré et en relief.

285. — Un christ en ivoire et du plus beau travail ; il porte vingt-quatre pouces de haut, et est enfermé dans une boite recouverte d'une glace. On le dit de Bouchardon.

286. — Quatre petites figures en ivoire, Arménien, femme sauvage, Cérès et nain.

287. — Un coffre carré à pilastre et incrusté en ivoire, avec figures équestres sur les côtés, il provient de la bibliothèque du Val-de-Grâce, et a appartenu à Marie de Médicis.

288. — Trois petits couteaux à manche d'ivoire et le bout émaillé et damasquiné, les lames gravées.

ÉMAUX ANCIENS.

289. — Une aiguère, forme ancienne, et son plateau, forme coquille ; ces deux pièces sont émaillées sur tôle et d'un très-riche dessin.

290. — Portrait de Claude de Sainte-Marthe, ancien émail de Limoges, encadré.

291. — Un plateau à pied en émail avec salière, poivrier et deux tasses.

292. — Pallas, figure en pied.

TERRES CUITES.

293. — Deux jolies têtes de Bacchantes, vues jusqu'au buste ; par M. Marin.

294. — Deux autres bustes de jeunes Bacchantes, par M. Marin.

295. — Tête de Bacchante et une de Satyre, par le même

296. — Jeune femme debout, drapée, et caressant un enfant.

297. — Femme Bacchante, terre cuite par Clodion.

OBJETS DIVERS.

298. — Petit vase en spath fluor, monté en bronze.

299. — Un petit coffre en marqueterie sur écaille rouge.

300. — Un peigne en bois, sculpté du temps de la renaissance.

301. — Un petit vaisseau en ivoire, chinois, et marchant à mécanique.

302. — Harnois d'un cheval de Mameluck, il est émaillé et fixé sur un velours cramoisi.

303. — Groupe de trois enfans portant un sac, matière présumée roche de Silex.

304. — Une écritoire en marqueterie, et provenant de la vente de M. de Craufurdt.

305. — Écritoire de forme ancienne en bois de rose plaqué et garni de bronze doré.

306. — Un coffre en bois des Indes, et incrusté en rosaces d'ivoire.

307. — Seize petites figurines en bronze, la plupart antiques, dont il sera fait des lots.

308. — Oiseau sur une branche d'œillet. Mosaïque.

309. — Cristal taillé sur trépied en bronze, formant cassolette.

310. — Un lustre en cristal anglais et à douze branches, surmontées d'aiguilles.

(37)

311. — Deux flacons, un seau et un verre à pied,
cristal de roche.

312. — Le duc Adolphe, Christine, fille de
Henri IV, Louis XIII et Marius Sfortia. Miniatures.
Ces quatre précieux portraits étaient dans le cabi-
net de Napoléon, et ont été acquis à la Malmaison.

313. — Une suite assez considérable de miniatures et fixés, portraits, paysages et sujets, par Mallet
Canrellu, Fragonard, Greuze, Augustin et quelques
émaux et petits tableaux anciens qui seront compris
sous ce numéro.

314. — Un lot de vases grecs qui seront détaillés.

315. — Figure de Chinois en plomb et formant
fontaine.

MÉDAILLES.

316. — Un grand nombre de médailles en bronze
et clichées, sujets relatifs à l'histoire de France.

DORURES.

317. — Deux vases en bronze dorés partout,
forme d'Aiguère et sur piedestal carré ; ils sont richement garnis d'appliques en bronze, et les anses
terminées par deux figures de femme satyre.

318. — Deux flambeaux de forme contournée et
anciennement dorés.

319. — Une paire de feux à cassolette, entre deux sphinx, dorée d'or moulu.

320. — Une autre paire.

321. — Bouquet de fleurs sculpté en bois dans son cadre noir et sous verre.

322. — Une tabatière en écaille noire et ornée d'un médaillon, portrait de Louis XIV attribué à Petitot.

323. — Une tabatière forme longue et à charnière avec peintures en camées par Sauvage.

SUITE AUX MEUBLES.

324. — Deux petites montres ou cages vitrées ouvrant sur les côtés, elles sont en acajou massif, et construites par Levasseur, elles peuvent servir à placer des matières précieuses, tant par leur commodité que par l'avantage qu'elles ont de faire ressortir tout ce qui y serait enfermé.

325. — Une petite armoire, bibliothèque en marqueterie et à grillage.

326. — Un cabinet aussi en ébène gravé, il ouvre à deux vanteaux, et laisse voir un tabernacle avec tiroirs et secret ; le fond offre un petit tableau.

327. — Un grand cabinet à huit colonnes, il est en ébène et à deux vanteaux, le dedans est garni de tiroirs et d'un tabernacle à colonnes rouges et torses.

328. — Deux gaines de grande dimension en bois d'ébène incrusté en cuivre et enrichies de moulure et ornemens à feuille en bronze.

328. *Bis.* — Une pendule dite le grand char.

SUITE AUX MARBRES.

329. — Buste d'une reine et tête de romain.

330. — Buste d'applique d'un sculpteur italien.

331. — Une écritoire marbre vert clair, ornée de bronze doré et d'un petit mouton pour bouton.

332. — Deux figures de Vestales, de deux pieds et demi de haut.

333. — Apollon du Belvédère et Diane chasseresse, deux marbres.

334. — L'Antinoüs, figure de 30 pouces.

335. — Amphion, figure assise sur des dauphins.

336. — Guerrier cavalier, tenant un discobole, bas-reliefs des bas temps.

337. — Le Faune au chevraux, marbre italien de 36 pouces de haut.

338. — Buste de madame Dubarri.

339. — Buste de Niobée.

DÉSIGNATION DES TABLEAUX

DE DIVERSES ÉCOLES.

ALONZO CANO.

340. — Jeune sainte à laquelle des religieux mettent le voile, elle est accompagnée de femmes qui président à cette scène religieuse.

ABSOVEN.

341. — Intérieur de chambre basse avec figures de buveurs et fumeurs, très-bonne imitation de David Téniers.

342. — Fumeurs dans un intérieur de tabagie.

343. — Autre figure de paysan flamand tenant une pipe.

344. — Point de vue de rivière avec tourelle et murs en brique. Effet de nuit.

J. ASSELIN.

345. — Paysage, site du Dauphiné, il est traversé par un large ruisseau sur lequel est un pont que descendent des voyageurs et un troupeau de bestiaux. Toute la partie gauche offre une colline hérissée de broussailles et arbustes.

BOUT ET BAUDEWINS.

346. — Vue d'un rivage, enrichi de figures et de chariots.

BISCAYE.

347. — Les dames romaines enlevées par Tarquin.

J. BASSAN.

348. — Portrait d'une dame vénitienne et de son jeune enfant, ces deux personnages sont dans un riche costume. C'est de la Malmaison que provient ce beau portrait que l'impératrice Joséphine affectionnait beaucoup.

F. BOUCHER.

349. — Jeune odalisque étendue sur un lit de repos.

BRENET 1778.

350. — Jeune femme vue par le dos et se disposant à entrer au bain.

BRONZINO.

351. — Portrait d'un Vénitien portant col rabattu et coiffé d'une toque.

Mlle. BOUNIEU.

352. — Jeune femme se baignant près d'une fontaine et abritée par des roseaux. Figure d'un pinceau très-délicat, d'un aspect fort agréable et peint avec beaucoup de soin.

BARENT (Gael.)

353. — Halte de cavaliers auprès d'une hôtellerie.

BASSAN.

354. — Portrait de Victor Garzonus, guerrier ; il est représenté à mi-corps et adossé à une colonne, de sa main droite il tient une hallebarde, son armure offre une cuirasse reflettante. Ce magnifique personnage a la tête nue et est d'une couleur très-chaude.

M. BUDELOT.

355. — Deux paysages, vues de forêts traversées par une grande route, l'un à effet de belle matinée et l'autre à effet de soleil couchant, ils sont ornés de figures de chasseurs et de cavaliers.

BASSAN.

356. — Sainte-Catherine prête à subir le martyre, tableau très-capital de ce maître et d'un style différent de sa manière ordinaire.

DEBOISSIEU.

357. — L'intérieur d'un cellier et la marchande de légumes, deux tableaux du bon temps de ce maître.

M. BERTIN.

358. — Paysage peint au fixé et dans lequel on distingue quatre figures de bergers, dont un jouant de la flûte.

(43)

Sébastien BOURDON.

359. — Intérieur d'une chambre basse où sont réunis cinq personnages, dont deux sont occupés à boire. Différens ustensiles, chaudrons, pots, tonneaux et linges, caractérisent ce tableau de Bourdon, dans le genre dit bambochade.

M. BERTIN.

360. — Paysage, site montueux avec chemins tortueux et sablés, conduisant à un couvent. On ne distingue qu'une seule figure d'homme drapé, mais étudiée avec beaucoup de goût.

361. — Autre paysage, site d'Italie peint au fixé, de forme ronde et d'une très-grande dimension.

BRAYDEL.

362. — Petit tableau de bataille.

Paul BRILL.

363. — Très-petit paysage avec arbres sur les hauteurs et montagnes dans les fonds.

HUE.

364. — L'arrivée de Bélisaire, il est accueilli par les habitans d'un château qui le reçoivent à la lueur des flambeaux.

H. R. MONOGRAME.

365. — Deux petits sujets de buveurs dans le goût d'Ostade.

Lucas CRANACH 1578.

366. — Vieillard dans un ajustement pittoresque, et caressant une jeune fille. Tableau très-fin et très-conservé pour dater de cette époque.

BENJAMIN CUYP.

367. — Réunion de cinq personnages de différens âges dans des ajustemens noirs rehaussés d'étoffe blanche.

Le caractère de vérité n'est pas moins remarquable dans ce naïf portrait de famille que celui d'Adrien Ostade, où il s'est représenté avec sa femme, ses enfans et petits enfans dans le beau tableau que possède le Musée royal.

Mᶜ. COSTER.

368. — Vase de fleurs et corbeille de fruits, d'une dimension facile à placer dans un cabinet, et des meilleurs ouvrages de cette femme célèbre.

CORRÉGE (STYLE DU).

369. — La Madeleine dans le désert, trois anges lui apparaissent, et Madeleine pénitente.

ROTHONAMER (STYLE DU).

370. — Repos de la Sainte Famille.

371. — La Vierge présente une fleur à l'Enfant Jésus.

CORRÉGE (STYLE DU).

372. — La Madeleine dans le désert, des anges

portant la croix du Sauveur lui apparaissent, et Saint-François soutenu par l'ange.

CIMABUÉ (manière de).

373. — La Vierge allaitant l'Enfant Jésus.

DIÉPENBECK.

374. — Sujet allégorique à la religion. L'ange exterminateur apparaît à un cardinal.

DIETRICK. (style du)

375. — Petit paysage et rochers traversés par un pont de bois.

DEMARNE. (premier temps)

376. — Jeune villageoise montée sur son âne et rentrant ses bestiaux à la ferme, un pâtre l'accompagne en jouant du galoubet.

DEVRIS:

377. — Site agreste traversé par un chemin où passent quelques paysans ; on aperçoit dans des broussailles la pointe d'un clocher.

CORNEILLE DUSSART.

378. — Plusieurs villageois hollandais et une femme sont assemblés sous une treille et occupés à boire.

FRAGONARD (père.)

379. — Portrait d'une dame âgée.

FRANCK.

380. — Un des beaux tableaux de ce maître, représentant l'adoration des mages, réunion nombreuse en figures d'une riche couleur et d'une grande conservation.

1re. FRESQUE.

381. — Le repos de la Sainte Famille. La vierge assise auprès de son divin fils contemple son sommeil, Saint-Joseph est auprès de lui, et Saint-Jean dont on n'aperçoit que la tête.

2me FRESQUE.

382. — Le sujet de la Charité. Une belle femme allaite un enfant tandis qu'un autre regarde malicieusement en attendant que son tour arrive, un autre enfant semble du geste démontrer le besoin de partager comme son frère les soins maternels.

FATTORE (MANIÈRE DE).

383. — Saint-François Xavier présentant au pape les constitutions de son ordre.

F. FRANCK.

384. — Le passage de la Mer Rouge, composition d'une multitude de figures.

FRAGONARD.

385. — Le sujet de la bonne mère.

GUERCHIN.

386. — Le sujet du bon Samaritain. « Après avoir

» été frappé d'un coup presque mortel, un Samari-
» tain vint à passer, s'approcha d'un homme cou-
» vert de sang, pansa ses blessures avec du vin, et
» le fit conduire à la plus prochaine hôtellerie.

Malgré le caractère sévère et pourtant convenable
au sujet, ce tableau n'est pas un des moins impor-
tans de cette collection, il a long-temps appartenu à
M. Destouches, ancien fermier général.

387. — Le christ à la colonne, figure vue à mi-
corps, d'une expression noble, d'une grande sagesse de dessin, et d'une couleur très-suave.

GOUASPRES POUSSIN.

388. — Beau paysage, orné de fabriques et monumens, étagés sur différens plans, un groupe de
figures de nymphes occupe le milieu de cette composition de style historique, du pinceau le plus suave
de ce grand paysagiste.

M. GREVEDON.

389. — Achille, sujet de très-grande dimension
et qui valut à l'auteur la médaille d'or.

GUIDE (D'APRÈS LE).

390. — Une belle et ancienne copie du char de
l'aurore.

GUIDE (ATTRIBUÉ AU).

391. — Figure de David tenant la tête de Goliath. Tableau d'une plus petite dimension que celle
de l'original et d'un aussi beau pinceau.

Lucas GIORDANO.

392. — Femme et Satyre, deux figures de forte proportion vues à mi-corps.

GAROFOLO (STYLE DE).

393. — Le sujet de la crèche, la vierge tient l'enfant Jésus dans l'étable.

Lucas GIORDANO.

394. — Suzanne surprise par les vieillards, ce tableau d'un grand caractère et d'une vigueur remarquable de coloris, offre de grandes beautés sous le rapport de l'effet.

JANSSENS.

395. — Deux sujets de Caravanne.

INCONNU.

396. — Trois sujets d'architecture imprimés sur bois et vernissés.

397. — Le christ au calvaire et pleuré par les saintes femmes.

KNIP.

398. — Deux gouaches vues du Rhin.

Angelica KAUFMAN.

399. — Le sujet de la Fécondité, représenté par une femme allaitant un enfant, tandis qu'un autre s'approche d'elle pour demander aussi les soins de la maternité, deux autres enfans sont cachés sous une corne d'abondance.

LAGRENÉE.

400. — Trois jeunes femmes au bain, une est couchée et joue avec une colombe, une autre se dispose à sortir du bain, et une troisième dans la demic teinte est vue par le dos.

LE PRINCE.

401. — Le jeu du tonneau, composition villageoise pleine de gaieté et d'un dessin très-spirituel.

LANTARA.

402. — Paysage à effet de lune, et Marine à effet d'orage.

M. LESAINT.

403. — Intérieur d'une église tombant en ruine, et cloître avec figure de religieux.

LUINI (ATTRIBUÉ A).

404. — L'Ecce homo, morceau remarquable par une fort belle couleur.

LE CAMOSES.

405. — Jésus mis au tombeau par les anges. Ce tableau provient de Malmaison.

LARGILLIÈRE.

406. — Portrait de Stanislas, roi de Pologne : il est vu cuirassé, la tête nue et coiffé de longs cheveux.

PH. LAURY.

407. — Paysage avec scène champêtre ; pêcheurs et batelets. Fond indication de fabriques.

ECOLE DE LEBRUN.

408. — Sainte Thérèse recevant les stigmates et soutenue par deux anges. Excellent tableau d'église.

MIRVELDT.

409. — Portrait d'une dame hollandaise, la tête nue et ajustée d'une large collerette.

VANDERELSTH.

410. — Portrait d'homme dans un ajustement noir.

MIRVELDT.

411. — Portrait de femme, tête nue et dans un ajustement noir, avec collerette blanche.

MOLENAERT.

412. — Extérieur d'une ville de la Hollande, entourée d'une rivière, avec figures de patineurs.

RACHE RUISCH.

413. — Bouquet de fleurs dans un vase, avec un ananas et un épi de blé de Turquie, et placé sur une table de marbre, à côté d'une orange.

MURILLO.

414. —Figure de saint Jean, proportion de grandeur de nature , il est appuyé contre un rocher, et retire une épine de son pied ; il tient la croix , attribut qui le caractérise.

ÉCOLE DE MURILLO.

415. — L'assomption de la Vierge.

M. MICHEL.

416. — Paysage , vue de campagne et prairie dans le lointain , on distingue sur le devant un chariot chargé de laiterie et escorté de villageois, tournant une dune sablonneuse.

MOLA.

417. — Deux religieux dans un paysage de site très-agreste , l'un d'eux est à genoux devant un crucifix et l'autre en prière.

Paul MORELS.

418. — Deux femmes en pleurs présentant un enfant mort à un prélat pour être béni. Derrière elles, un jeune religieux et des gens du peuple sont présens à cette scène.

MOMPERS ET TÉNIERS.

419. — Grande masse de rochers , au bas sont des figures de paysans au nombre de trois.

NOEL.

420. — Les environs de Lisbonne, vue de marine par un temps calme.

ORISONTY.

421. — Vaste paysage de style historique, orné de fabriques, figures sur tous les plans et scène pastorale pour épisode.

422. — Paysage de style et orné de fabriques, les figures sont peintes par M. Lagrenée.

POZZI, PEINTRE MILANAIS.

423. — Vue intérieure d'une galerie de la Chartreuse de Naples. On aperçoit en dehors et dans le lointain les côtes de l'île de Caprée. On compte quatorze figures sur des plans différens.

L'effet de perspective est parfaitement observé dans cette production de M. Pozzi, dont les ouvrages sont fort recherchés à Vienne et très-rares à Paris.

PROCACINI.

424. — Le sujet de Loth et ses filles.

JENN PAUL PANINI.

425. — Ruines d'architecture, et reste de colonnades, avec fragmens de monumens antiques et statues, il est enrichi de six figures dont quelques-unes dans le costume de guerrier.

POMPÉO BATTONI.

426. — Sainte famille, suivant une caravanne.

Tableau d'une très-gracieuse exécution, offrant tous les charmes de la dernière école d'Italie.

POUSSIN (STYLE DE).

427. — Didon suivie de ses femmes et emmenée par Enée, riche composition de figures d'un excellent style.

PORBUS (ATTRIBUÉ A).

428. — Portrait de Charles Ier, roi d'Angleterre, peint à l'âge de trente-trois ans; il est représenté dans le costume du temps et tient auprès de lui la couronne et les attributs de sa grandeur.

LÉON PALLIÈRE.

429. — La rencontre des trois anges, esquisse fort avancée.

PERIN DELVAGUE (STYLE DE).

430. — La mort de la Vierge et celle de Saint-Joseph, deux pendans.

ROBERT.

431. — Lavoir et fontaine décorant un palais. Esquisses touchées avec esprit et vivacité; deux pendans.

ROGMANS.

432. — Deux paysages, dont l'un offre un site sauvage de montagnes hérissées d'arbres que traverse un torrent; quelques figures de villageois et troupeau de chèvres. L'autre un grand bois près duquel est une maisonnette.

P. P. RUBENS.

433. — L'adoration des bergers, composition de neuf figures et inspirée des ouvrages du Corrége. Dans la partie supérieure, deux anges déployent la légende : *Gloria in excelsis Deo.* Il provient de la belle vente de M. Lafontaine, faite en 1820, galerie Lebrun.

ÉCOLE DE RUBENS.

434. — Suzanne entre les deux vieillards. Petit tableau d'une excellente couleur.

ÉCOLE DE RIGAUT.

435. — Portraits de Turenne, Condé, Catinat et Luxembourg, de forme ovale et vus à mi-corps.

RAPHAEL (D'APRÈS).

436. — Grande et magnifique copie de l'école d'Athènes, dans une heureuse proportion pour donner une idée de l'original et dont les figures principales ont environ dix pouces de haut. Celle-ci est d'une très-brillante couleur, et nous la croyons faite par Coypel.

D'APRÈS RUISDAEL.

437. — Bonne copie de tableau connu sous la dénomination de la grande forêt.

L'ESPAGNOLET (ATTRIBUÉ).

438. — Le reniement de Saint-Pierre, figures à mi-corps et colossales.

RESTOUT.

439. — Jésus guérissant le paralytique. Tableau de forme ovale.

SPRANGER.

440. — Un tableau allégorique, offrant pour sujet le Travail soutenu par l'Espérance, composition de trois figures. Il a orné la galerie de la Malmaison.

ABRAHAM STORK.

441. — Port d'un village de la Nord-Hollande, dont le bassin est garni de beaucoup de barques.

SCHOVAERT.

442. — Port de mer avec grand nombre de figures. Tableau de forme octogone.

ÉCOLE DE SCHIDONE.

443. — Le sujet de la flagellation.

444. — La Vierge posant le voile sur la tête de Sainte-Thérèse.

SASSO FERATO.

445. — La Vierge coiffée d'une mante bleue et ayant les mains jointes.

SALVATOR (SMYLE DE).

446. — Combat de cavalerie près de masses de rochers.

Augustin TASSI.

447. — Monumens en ruines dans des paysages avec quelques figures.

TÉNIERS père.

448. — A l'abri d'une haute montagne de rochers, un pâtre est assis et cause avec un paysan appuyé sur son âne, en gardant un troupeau de vaches et moutons.

THÉOLON.

449. — Vieillard portant barbe et se détachant sur un fond clair. On le dit un ancien modèle peint plusieurs fois par David.

DAVID, TÉNIERS le fils.

450. — Tableau connu et gravé sous le titre des forgerons. On voit sur la partie droite du tableau une cabane de paysans auprès de laquelle sont des forgerons. Ces figures se détachent sur une haute partie de rochers dont les percés laissent entrevoir des échappées de ciel et de campagne. Il provient d'une des belles ventes du Mont-de-Piété, celle de M. de Tolozan.

TEMPESTE.

451. — Quatre paysages de forme en hauteur, représentant des sites pittoresques, ornés de figures de femmes bergères.

TITIEN (d'après).

452. — Le martyre de saint Pierre dominicain,

assassiné dans un bois épais entre Côme et Milan, par Carin.

TADÉE ZUCHERO.

453. — Jésus montant au ciel.

TEMPESTE (manière de).

454. — Deux points de vue de marine, librement touchés et meublés sur tous les côtés.

TAUNAY.

455. — Foire de village et scène de mascarade. Composition très-comique et des premiers temps de M. Taunay.

VERKOLIER.

456. — Jeune femme dans les bras d'un fleuve.

EGLON VANDERNEER.

457. — Jeune femme à laquelle un nègre présente un verre de liqueur.

VATEAU (style de).

458. — Scène pastorale et dramatique dans un intérieur de parc.

Joseph VERNET.

459. — Tableau de forme en hauteur, offrant l'aspect d'un rocher en forme de voûte, sous lequel on aperçoit une grande étendue de mer par un temps de brouillard, trois pêcheurs sont occupés à préparer leurs filets.

VANKESSEL.

460. — Massif d'arbres indiquant une lisière de forêt traversée par un chemin aboutissant à un village. Un pont en bois sur lequel passe un homme à veste longue, conduit à une maisonnette bâtie en brique, une femme est sur sa porte. Beaucoup de personnes au premier abord on cru reconnaître la première manière d'Hobbéma.

Alexandre VÉRONÈSE.

461. — Vénus cherchant à retenir Adonis. Tableau très-gracieux et peint sur ardoise.

ÉCOLE DE VANDYCK.

462. — Le christ descendu de la croix, soutenu par un ange et pleuré par la Vierge. — Forme ovale.

ÉCOLE VÉNITIENNE.

463. — Magistrat vénitien, dictant une réponse diplomatique; les deux personnages qui sont vus à mi-corps sont d'une vérité frappante et d'une exécution sage, indiquant pourtant le beau pinceau et la riche couleur qui caractérisent l'École vénitienne.

EGLON VANDERNEER (style d').

464. — Maison hollandaise d'où sortent un cavalier et une dame, sans doute pour exercer la bienfaisance envers des pauvres qui s'offrent à leur présence.

VERSCHURING.

465. — Cavalier sur un chemin débusquant un

village, près de lui est un berger qui garde son troupeau. Il règne dans ce tableau un ton chaud et vi-
goureux qui plusieurs fois l'a fait regarder comme
un des ouvrages attribués au Cuyp.

VANGORP.

466. — Jeune fille dans l'attitude de la méditation,
elle est vue jusqu'au buste et le corsage couvert d'un
voile noir, joli tableau de ce peintre imitateur du
genre de Greuze.

VANDERMYN.

467. — Paysage avec terrein sablonneux et figures de chasseurs. Quelques plantes et arbres.

VAN ASCHEN.

468. — Deux fort bons paysages massifs d'arbres,
autour desquels passe une rivière, avec batelet et
passager, dans l'autre un troupeau de bestiaux sur
un chemin sablonneux.

VAN UDEN.

469. — Paysage avec figures, site montueux et
touché dans le goût de Rubens.

VANDERHLST (style de).

470. — Portrait d'homme dans un cadre oval et
sous glace.

VANGOYEN.

471. — Vue de la Meuse avec masure et broussailles et figures de pêcheurs, par D. Téniers

César VANLOO.

472. — Paysage à effet de neige, avec maisonnettes en brique. Ce tableau, un des meilleurs ouvrages de ce peintre, a été gravé par Aubertin.

VANDERMEULEN.

473. — Louis XIV à la tête d'un corps de cavalerie, entouré de son état-major, et s'acheminant sur les redoutes de Courtray.

VANHUYSUM (d'après).

474. — Groupes de fleurs peintes à l'aquarelle et sous verre, coloris des plus frais et du plus beau choix.

VAN UDEN.

475. — Maisonnette sur le bord d'un chemin sablonneux, éclairé par un coup de soleil; trois petites figures touchées dans le goût de Téniers, sont sur le devant du terrein.

VANGOYEN.

476. — Rivière baignant quelques maisonnettes et le pied d'un fort.

P. WOUVERMANS.

477. — Halte de cavaliers voyageurs, dont un caressant une jeune villageoise.

VANDERMEULEN.

478. — Deux paysages richement boisés avec sujet de chasse.

Joseph VERNET.

479. — A la lueur d'un clair de lune, un pêcheur courbé sous le poids de son épervier, fait des efforts pour le retirer. Un homme et une femme sont assis près de lui, et un peu plus loin un marin attise son feu près d'un rocher. Ce petit tableau dont le pendant était un effet de jour, provient du cabinet de M. Doyen, dont la vente fut faite en 1809.

ECOLE DE VOUET.

480. — Portrait du duc d'Harcourt, encadré dans un lozange.

M. Carle VERNET.

481. — Chasseur à cheval suivi de son jockey et précédé de son chien. Etude terminée et d'une grande liberté de pinceau.

THOMAS WICK.

482. — Le médecin aux urines et figure de Saint-Jérôme.

VANDICK (style de).

483. — Le Christ mort.

484. — La Vierge tenant l'Enfant Jésus et soutenue par trois anges.

VANLOO.

485. — L'Enfant Jésus endormi sur les genoux de la Vierge.

JEAN WOUVERMANS.

486. — Hôtellerie près d'un chemin où l'on distingue un cavalier.

VÉRONESE (STYLE DE PAUL).

487. — David remettant à son serviteur la tête de Goliath.

LE CHEVALIER VEUGLE.

488. — Uri et Betzabée, petit tableau de forme ovale sur cuivre.

VAMBERG (MANIÈRE DE),

489. — Jeune garçon auprès d'une villageoise et gardant son troupeau.

ZUCHARELLI.

490. — Quatre paysages de forme en hauteur, site mêlé de fabriques et quelques figures de villageois.

L'ALBANE (STYLE DE).

491.—Vénus parcourant les mers, elle est escortée par les Amours et précédée de Nymphes et Tritons.

ÉCOLE D'ANDRÉ DEL SARTE.

492. — Le Christ descendu de la croix et prêt à être enseveli, il est soutenu par les anges et pleuré par la Vierge; beaucoup de belles parties rappellent tout le charme de cette école. Il est peint sur bois.

ANCIENNE ÉCOLE.

493.—Les Couches de la Vierge et buste du christ peint sur marbre.

ÉCOLE DE RUBENS.

494. — Jésus descendu de la croix et religieux en contemplation devant le sauveur du monde.

495. — Sainte Cécile inspirée par les anges, et repos de la Sainte-Famille. Deux tableaux

ÉCOLE DE RAPHAEL.

496. — La Vierge présente l'Enfant Jésus à Sainte. Catherine.

DU GUIDE.

497. — La Madeleine pénitente et dans l'attitude de la douleur.

SABATTINI.

498. — Sainte-Famille. Tableau d'une riche couleur et provenant de la Malmaison.

ANCIENNE ÉCOLE D'ITALIE.

499. — La Vierge tenant l'Enfant Jésus sur ses genoux, elle porte une couronne et a la tête entourée d'une auréole.

PAR UN ARTISTE ANGLAIS.

500. — Quatre petits tableaux, sujets de chasse au lévrier.

ESTAMPES ENCADRÉES.

---

501. — Le cheval bouchonné et le cheval de re-

tour de la chasse. Deux pièces à la manière noire, d'après M. Carle Vernet, par M. Dubucourt.

5o2. — Quatre Mameloucks.

5o3. — Deux autres Mameloucks avant la lettre.

5o4. — Le chasseur au tirer, le départ, le retour et le chasseur, quatre pièces d'après M. Carle Vernet, par M. Dubucourt.

5o5. — Deux chasseurs, pièces avant la lettre, par les mêmes.

5o6. — Le maréchal-ferrant anglais, et le marchand de chevaux, par les mêmes.

Toutes ces estampes sont fort belles d'épreuve.

SUPPLÉMENT.

5o7. — Une scène de saint Grégoire, pape ; par *Carlette Véronèse*.

5o8. — Une Bacchante ; par *Jules Romain*.

5o9. — Deux tableaux de *Bourguignon* représentant un combat de cavalerie et faisant pendant.

5io. — Tempête, naufrage et coup de foudre, d'après *Vernet*.

5ii. — Un tableau de *Berkeyden*, représentant une place publique, entourée de portiques avec figures.

5:2. — Un paysage de M. *Dunouy*, représentant une vue d'Italie, peinte d'après nature.

5:3. — Une très-jolie vue des environs de Lyon : par le même.

5:4. — Un Christ; par *Louis Carrache*.

5:5. — Le *Nunc Dimittis*, tableau de l'école italienne, représentant la Vierge et saint Joseph présentant l'enfant Jésus à Siméon.

5:6. — Halte de chasse dans le genre de *Wateau*.

5:7. — Femme nue, école de *Rubens*.

5:8. — Une magnifique composition représentant Louis XIV entouré de son état major, et se disposant à la prise de Courtray. Tableau très-capital; par *Vandermeulen*.

5:9. — Une petite scène pastorale du plus beau temps de *Demarne*, échantillon précieux.

520. — Deux charmans tableaux; par *Vammol*, les petits savoyards et scène hollandaise.

521. — Port de mer; par *Thomas Wyck*.

522. — Vue du Rhin; par *Griffier*.

523. — Effet d'hiver; par *Paul Ferg*.

524. — Clair de lune.

525. — Une pendule, dite de boule, ornée d'une Renommée au fronton et à sonnerie.

526. — Les articles omis seront détaillés sous ce numéro.

FIN.

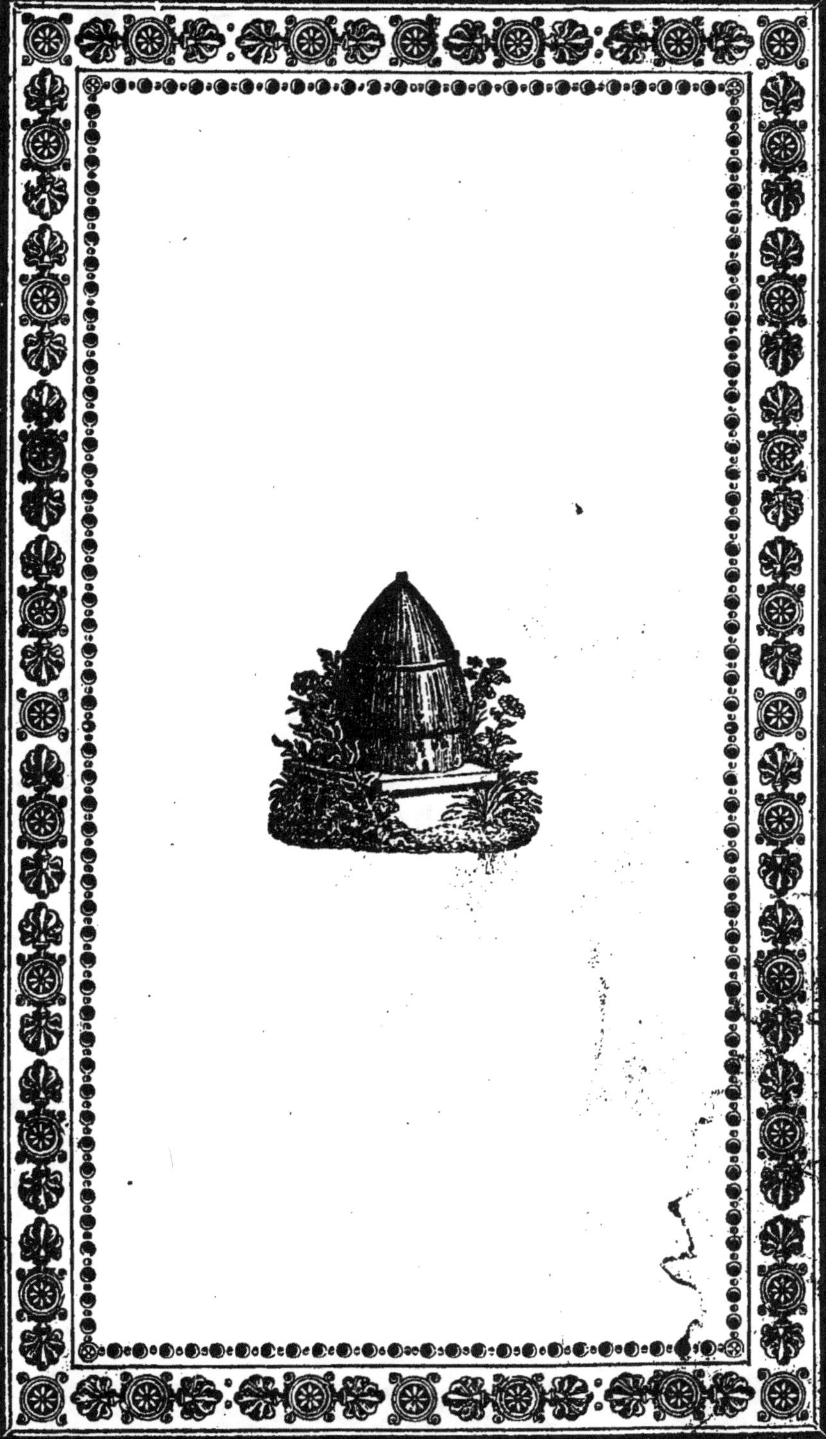